DARIUS KAMADEVA

Finde deinen
Traummann

DARIUS KAMADEVA

Finde deinen Traummann

Wie du erkennst, wer der Richtige
für dich ist, und ihn auch bekommst

Bibliografische Information der Deutschen Nationalbibliothek:
Die Deutsche Nationalbibliothek verzeichnet diese Publikation in der Deutschen Nationalbibliografie. Detaillierte bibliografische Daten sind im Internet über http://dnb.d-nb.de abrufbar.

Für Fragen und Anregungen:
info@mvg-verlag.de

Originalausgabe, 1. Auflage 2017

© 2017 by mvg Verlag, ein Imprint der Münchner Verlagsgruppe GmbH
Nymphenburger Straße 86
D-80636 München
Tel.: 089 651285-0
Fax: 089 652096

Alle Ratschläge in diesem Buch wurden mit großer Sorgfalt zusammengestellt und geprüft. Dennoch kann keine Garantie dafür übernommen werden, dass die Informationen auf Ihre persönliche Situation zutreffen.
Zudem können die Ausführungen in diesem Buch nicht den Besuch bei einem Arzt oder Psychologen ersetzten. Wenn Sie merken, dass Sie an die Grenzen der Selbsthilfe stoßen, suchen Sie sich bitte professionelle Unterstützung.

Redaktion: Caroline Kazianka
Umschlaggestaltung: Verena Frensch
Umschlagabbildung: MaxyM/Shutterstock, Aggie 11/Shutterstock, Early Spring/Shutterstock, Iuliia Pavlenko/Shutterstock
Satz: Satzwerk Huber, Germering
Druck: GGP Media GmbH, Pößneck
Printed in Germany

ISBN Print 978-3-86882-801-6

———— *Weitere Informationen zum Verlag finden Sie unter* ————
www.mvg-verlag.de
Beachten Sie auch unsere weiteren Verlage unter www.m-vg.de

Inhalt

Warum dieses Buch dein Leben verändern kann

Wahre Liebe. Wir alle sehnen uns nach ihr. Wir sehnen uns danach, geliebt zu werden und jemanden zu lieben. Das Gefühl, wenn wir frisch verliebt sind, ist einfach unbeschreiblich. Der Puls rast vor Glück und wir fühlen uns endlich nicht mehr einsam, sondern verbunden mit diesem einen ganz besonderen Menschen. Wir genießen dieses Gefühl in vollen Zügen und freuen uns zugleich auf den Moment, in dem aus der anfänglichen Verliebtheit tiefe Verbundenheit wird.

Doch leider gelingt es nur den wenigstens Menschen, diese nächste Stufe einer Beziehung zu erreichen. Und einige scheitern bereits an der ersten. Hast auch du dich schon einmal gefragt, warum du immer an die falschen Männer gerätst? Warum sich die Männer, die du spannend findest, nicht für dich interessieren? Oder warum deine Beziehungen stets enden, bevor sie richtig angefangen haben? Gehen diese Gedanken manchmal sogar in Selbstzweifel über und du stellst dir Fragen wie: Liegt es an mir? Was ist bloß falsch an mir? Bin ich zu dick, zu dünn, zu groß, zu klein, zu arm, zu reich, zu schüchtern, zu selbstbewusst, zu wenig charismatisch?

Seit über zehn Jahren arbeite ich mit Frauen, die genau diese Gedanken umtreiben. Ich kann dich daher beruhigen: Du bist nicht allein mit deinen Zweifeln an dir und deinem Leben. Tatsächlich ist es sogar so, dass es den meisten Menschen so geht wie dir. So ziemlich jede Frau kommt irgendwann in ihrem Leben an den Punkt, an dem sie unzufrieden mit ihrem Liebesleben ist. Normalerweise spricht nur niemand offen darüber. Schließlich wirkt es in unserer Leistungsgesellschaft nicht souverän, an sich selbst zu zweifeln.

Auf den folgenden knapp 100 Seiten möchte ich dir zeigen, dass es nicht an dir liegt, wenn du deinen Traummann noch nicht gefunden hast. Du wusstest bisher einfach noch nicht, wie dir das gelingen kann. Dieses Buch wird dir dabei helfen, deine Beziehung zu Männern für immer zu verändern. Du wirst herausfinden, wer der Richtige für dich ist, wie du zur Traumfrau deines Traummannes und so dauerhaft glücklich sein wirst – mit ihm, mit eurer Beziehung, aber vor allem mit dir selbst.

Eventuell bist du jetzt skeptisch. Vermutlich hast du bereits unzählige Ratschläge im Internet, in Magazinen oder Ratgebern gelesen, doch keiner davon konnte etwas an deiner Situation verändern, richtig? Wie kann ich, der dich gar nicht kennt, dir sagen, wie du eine glückliche Beziehung führen kannst? Ich weiß doch gar nichts über dich ... Da hast du recht. Und deswegen betrachte ich mich selbst auch nicht als allwissenden Experten, der dir verrät, was richtig und falsch ist. Ich sehe mich eher als Prozessbegleiter. Dieses Buch und ich werden dir dabei helfen, dich selbst zu entdecken. Ich nehme dich mit auf eine Reise durch dein eigenes Leben und werde dich mithilfe von verschiedenen Fragen, Übungen und kurzen Denkanstößen durch einen Prozess der Selbsterkenntnis führen.

Warum ich glaube, dir diesen Weg zeigen zu können? Ich bin seit nunmehr zehn Jahren Flirt- und Dating-Coach und habe mittlerweile einigen Hundert Frauen mit meinen Einzelcoachings und Seminaren geholfen. Vor zehn Jahren war ich allerdings alles andere als erfolgreich und glücklich. Meine erste große Liebe hat mir mehrfach das Herz gebrochen. Mehrfach, fragst du? Ja, ich war emotional nicht dazu in der Lage, mich von ihr zu distanzieren. Daher blieb ich bei ihr, egal, wie sehr sie mich verletzte und wie oft sie mich betrog. Irgendwann wurde mir allerdings bewusst, dass ich etwas an meinem Leben ändern muss, wenn ich eine liebevolle, respektvolle und glückliche Partnerschaft führen will. Ich musste aber nicht nur etwas ändern, ich musste mich ändern. Doch dazu musste ich mich erst einmal selbst besser verstehen.

Es begann dann eine Reise, die mich über ein Jahrzehnt meines Lebens beschäftigt hat und auch heute immer noch beschäftigt. In diesem Buch werde ich dir die Erkenntnisse aus dieser Zeit mitgeben. Es enthält das Beste aus Hunderten Büchern, Dutzenden Seminaren, Weiterbildungen und Erfahrungen aus der Arbeit mit zahlreichen Männern und Frauen.

Auch wenn du jetzt noch nicht so recht daran glauben solltest, dass du die Macht hast, dein Leben zu verändern: Ich weiß, dass du sie hast und etwas verändern kannst. Denn sehr viele Frauen vor dir haben es auch geschafft. Die Frage ist also nicht, ob du es schaffen kannst, sondern ob du es schaffen **möchtest**. Wenn du es schaffen möchtest, werde ich dir zeigen, wie dies gelingen kann.

Indem du die Fragen in diesem Buch ehrlich beantwortest und dich mit dir selbst beschäftigst, wirst du deinen individuellen Weg entdecken. Du wirst herausfinden, was du wirklich möchtest, wer du innerhalb einer Partnerschaft sein willst und was du tun musst, um zu der Person zu werden, die ihre Ziele in Sachen Liebe und Partnerschaft ganz natürlich und spielerisch erreichen wird.

Nimm dir genug Zeit und sei vor allem ehrlich zu dir. Niemand außer dir muss deine Antworten sehen. Es gibt kein Richtig und kein Falsch. Verurteile dich nicht für deine Antworten und sieh momentane Defizite eher als Chance, dich persönlich weiterzuentwickeln. Versuche einfach, neugierig zu bleiben und dich selbst zu entdecken. Betrachte dieses Buch als Forschungsreise, als Erkundungstour zu dir selbst.

Um dieses Buch so hilfreich wie möglich für dich zu gestalten, habe ich als Ergänzung für alle Leserinnen dieses Buches einen Mitgliederbereich auf meiner Webseite erstellt. In diesem findest du kostenlos eine Menge vertiefender Inhalte, Arbeitsblätter, Videos, Interviews und allerlei spannende Dinge rund ums Thema Männer, Partnerschaft, Liebe und Glück im Leben. Der Link zu dem Mitgliederbereich ist: www.dariuskamadeva.de/finde-deinen-Traummann. Doch am besten liest und bearbeitest du das Buch zunächst einmal in Ruhe und schaust dir erst im Anschluss den Mitgliederbereich an.

Du wirst überrascht sein, was es alles zu entdecken gibt. Viel Spaß dabei!

Alles Liebe,
Darius

Bereitest du dich bereits auf dein Versagen vor?

Da das vorliegende Buch ein Arbeitsbuch zur Selbstreflexion ist, möchte ich gleich mit einer Übung anfangen. Sie beschäftigt sich mit der Frage: »Wo wirst du in drei Jahren sein, wenn du nichts in deinem Leben veränderst?«

Nimm dir bitte 15 Minuten Zeit und beantworte die folgenden Fragen so ehrlich und selbstkritisch wie möglich – auch wenn es vielleicht wehtut. Oftmals bereiten wir heute bereits unser zukünftiges Versagen vor, ohne dass uns dies klar ist. Indem wir uns diesen Prozess bewusst machen, können wird eingreifen und ein anderes Ergebnis als bisher erzeugen. Albert Einstein sagte einmal: »Die Definition von Wahnsinn ist, immer wieder das Gleiche zu tun und andere Ergebnisse zu erwarten.«

Beschreibe die Situation so, als wäre sie heute bereits Realität:

_____

_____

_____

_____

_____

_____

_____

_____

_____

Wie fühlt sich diese Situation an?

Was waren die Hauptfehler, die du in diesen drei Jahren gemacht hast und welche dieser Fehler machst du bereits heute?

Wenn wir ein Bild unserer Zukunft entwickeln wollen, sei es ein positives oder auch wie in diesem Fall vielleicht eine negatives, ist es wichtig, sich diese so real wie möglich vorzustellen und nicht Formulierungen wie »Vermutlich werde ich ...« oder »Es könnte sein ...« zu verwenden. Damit distanzierst du dich emotional von deinen Worten und schaffst dir selbst die Ausweichmöglichkeit, dass es doch ganz anders kommen könnte. Wenn eine Visualisierung funktionieren soll, musst du versuchen, dich in die Situation hineinzuversetzen: Ich arbeite als ... Ich wohne ... In meiner Freizeit gehe ich ... Auf diese Weise wirst du erleben, wie deine Vorstellung auch eine emotionale Reaktion in dir auslöst.

1.

Dein Umgang mit dir selbst

Die Grundlage einer erwachsenen und nachhaltigen Beziehung zu einem Partner ist immer eine glückliche und liebevolle Beziehung zu sich selbst. Hierfür wiederum ist entscheidend, wie gut dein Selbstbewusstsein, dein Selbstwertgefühl und dein Selbstvertrauen ausgebildet sind.

Meist verwenden wir den Begriff Selbstbewusstsein, um auszudrücken, dass eine Person in der Öffentlichkeit sehr meinungsstark auftritt und gut dazu in der Lage ist, sich gegenüber anderen durchzusetzen. Doch wörtlich bedeutet er zunächst einmal, sich seiner Selbst bewusst zu sein. Dies ist die Grundvoraussetzung. Erst wenn wir uns und unsere Bedürfnisse wirklich kennen, können wir diese auch gegenüber unserer Umwelt kommunizieren und – wenn nötig – durchsetzen.

Selbstwertgefühl bezeichnet nichts anderes als die Meinung, die wir von uns selbst haben, wie wir uns selbst finden, ob wir mögen, was wir ihm Spiegel sehen. Je besser ich mich selbst also kenne (mir über mich selbst bewusst werde), umso höher ist mein Selbstbewusstsein, und je positiver mein Bild von mir ist, umso höher ist mein Selbstvertrauen.

Wenn ich mir in Bezug auf meine eigenen Entscheidungen vertraue, entwickele ich ein tiefes Selbstvertrauen. Wenn ich mir jedoch ständig Dinge vornehme, diese aber nicht umsetze (weil ich zu faul bin oder mir etwas anderes dazwischengekommen ist), bröckelt mit der Zeit mein Selbstvertrauen.

Selbstwertgefühl, Selbstbewusstsein und Selbstvertrauen sind die drei wichtigsten Zutaten für echte Selbstliebe. Und eine gesunde und liebevolle Beziehung zu uns selbst ist das Fundament, auf dem wir eine langhaltende, liebevolle und glückliche Partnerschaft aufbauen können.

Fehlt dieses Fundament jedoch, bauen wir sozusagen »auf Sand« – wobei die emotionale Kälte mancher Menschen vermuten lassen könnte, dass es sich bei ihnen eher um einen zugefrorenen See handelt, auf dem sie versuchen zu bauen. Hier ist das Problem, dass das Eis tatsächlich anfängt zu schmelzen, sobald es etwas wärmer (emotionaler) wird. Doch dann fällt auch ihre ganze Beziehung ins Wasser.

Lass uns daher damit beginnen, deine Beziehung zu dir selbst zu entdecken.

Einen Brief an dich selbst – Teil 1

Bitte schreibe folgenden Brief in der Ich-Form und richte ihn an X (das bist in dem Fall du selbst).

> Erzähle X frei von jeder Zensur und ungeschminkt, was du über sie denkst.
> Halte weder mit kritischen noch positiven Bemerkungen zurück.

Liebe, _____

Ich sehe dich als einen Menschen, der ...

‒ ‒

‒ ‒

‒ ‒

‒ ‒

‒ ‒

An dir mag ich ...

‒ ‒

‒ ‒

‒ ‒

‒ ‒

‒ ‒

An dir mag ich nicht ...

‒ ‒

‒ ‒

‒ ‒

‒ ‒

‒ ‒

Von dem, was du in deinem Leben tust/getan hast, halte ich ...

Über deine Träume und Ideen denke ich ...

Was du besser tun oder lassen solltest, ist ...

Was du verändern solltest, ist ...

- -

- -

- -

- -

- -

Andere Menschen halten von dir ...

- -

- -

- -

- -

- -

Diese Übung ist eine meiner Lieblingsübungen. Da wir in der Übung nicht von uns selbst, sondern von X sprechen, fällt es uns leichter, über uns nachzudenken. Wir gewinnen Abstand zu uns, betrachten uns aus einer anderen Perspektive und können somit ein differenzierteres Selbstbild entwickeln.

Einen Brief an dich selbst – Teil 2

Der Brief an dich selbst kann dir nicht nur dabei helfen, ein Selbstbild zu entwickeln, er kann dir auch etwas über dein Verhältnis zu dir selbst verraten. Der Inhalt des Briefes gibt das Selbstbild wieder, aber nun lies den Brief noch einmal und achte nicht darauf, was du über X sagst, sondern wie du über X sprichst.

Was für ein Verhältnis hat die Person, die diesen Brief geschrieben hat, zu X? Ist es distanziert, freundlich, kalt, warm, gleichgültig, oberflächlich, liebevoll oder ganz anders? Was für einen Namen würdest du diesem Verhältnis geben?

Auch wenn diese Übung auf den ersten Blick vielleicht etwas seltsam anmuten mag, ist der veränderte Blickwinkel oftmals genau das, was uns gefehlt hat. Er macht uns deutlich, an welchen Stellen wir Defizite haben. Denn erst wenn wir uns selbst und unsere Beziehung zu uns von außen betrachten, fällt uns auf, was daran seltsam oder limitierend ist.

Die Bereiche deines Lebens

Nachdem wir jetzt einen ersten Eindruck von deiner Beziehung zu dir selbst bekommen haben, lass uns etwas Struktur in das Thema bringen, um es besser handhaben zu können. Denn ich verstehe gut, dass ein Thema wie das der persönlichen Entwicklung sehr schnell unübersichtlich und komplex werden kann.

Frage:
Wie isst man einen Elefanten?

Antwort:
Stück für Stück

Um dich selbst besser kennenzulernen, schau dir zunächst einmal die verschiedenen Bereiche deines Lebens an. Wenn wir in einem dieser Bereiche (zum Beispiel unserem Liebesleben) unzufrieden sind, kommt es uns oft so vor, als ob dieser Bereich unser ganzes Leben bestimmen und unsere gesamte Person ausmachen würde. Wir übersehen in solchen Momenten gern, dass unser Leben aus mehr besteht als nur aus Partnerschaft, nur aus Karriere oder nur aus Familie.

Im Folgenden habe ich die verschiedenen Bereiche, in die man sein Leben unterteilen kann, aufgeführt. Lass uns zuerst damit beginnen zu definieren, wo du gerade stehst. Danach werden wir uns damit beschäftigen, wo du hinwillst, um uns im dritten Schritt zu überlegen, wie du von deinem Ist- zum Soll-Zustand gelangen kannst.

Bewerte die folgenden Bereiche deines aktuellen Lebens auf einer Skala von 1 (sehr schlecht) bis 10 (großartig). Versuche, die Bewertung nicht zu stark zu durchdenken. Die Antwort, die dir innerhalb der ersten drei Sekunden in den Sinn kommt, ist meist die richtige.

> deine Freundschaften und dein soziales Leben ——

> deine Abenteuer ——

> die Umgebung, in der du lebst ——

> deine Gesundheit ——

> dein spirituelles Leben ——

> dein intellektuelles Leben ——

> deine Fähigkeiten ——

> deine Karriere ——

> dein kreatives Leben ——

> deine Familie ——

Bitte umblättern

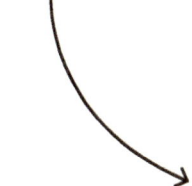

Betrachtung der einzelnen Lebensbereiche

Zu einer glücklichen Partnerschaft gehört immer auch ein glückliches Leben der einzelnen Partner unabhängig voneinander. Und damit dein Leben dauerhaft glücklich sein kann, sollte es ausgeglichen sein.

Es wird zwar niemals möglich sein, in alle Lebensbereiche gleich viel Energie zu stecken. Darum geht es aber auch gar nicht. Denn es wird im Leben immer wieder mal Phasen geben, in denen einer der Bereiche mehr Aufmerksamkeit und Energie benötigt als die anderen. Und auch das ist gar nicht schlimm. Wichtig ist vielmehr, dass keiner der Lebensbereiche komplett ignoriert oder langfristig vernachlässigt wird, wenn du mit dir selbst in der Balance bleiben möchtest.

Die Bereiche deines Lebens, in denen du die niedrigsten Bewertungen abgegeben hast, sind wahrscheinlich die Bereiche, in denen du limitierende Glaubenssätze und Überzeugungen hast. Das ist gut, denn in diesen Bereichen wirst du wahrscheinlich auch mit überschaubarem Aufwand die schnellsten Ergebnisse erzielen.

Um herauszufinden, was du in deinem verändern solltest, damit du ein ausgeglichenes und großartiges Leben führen kannst, ist es wichtig, ein wenig strategisch vorzugehen. Lass uns daher ein klein wenig tiefer in die einzelnen Bereiche hineinleuchten.

Wie bereits angekündigt, geht es nicht darum, dass ich dir sage, was richtig und was falsch ist. Deswegen gibt es auf die folgenden Fragen auch keine richtigen oder falschen Antworten. Du kannst die Fragen also ohne Angst beantworten. Niemand außer dir muss sie lesen, und der Nutzen für dich ist umso größer, je ehrlicher und ausführlicher du bist.

Sollte bei dieser oder bei einer anderen Übung der Platz im Buch nicht ausreichen, kannst du auf einem Block oder deinem Computer weiterschreiben. Ich habe mir für solche Sachen ein extra Tagebuch angelegt, welches ich immer wieder ergänze. Vielleicht ist das ja auch eine Idee für dich?

Bitte umblättern

Deine Freundschaften und dein soziales Leben

1. Was bedeutet Freundschaft für dich?

--- --- --- --- --- --- --- --- --- --- ---

--- --- --- --- --- --- --- --- --- --- ---

--- --- --- --- --- --- --- --- --- --- ---

--- --- --- --- --- --- --- --- --- --- ---

2. Was ist deiner Meinung nach das Ziel einer Freundschaft oder einer Gruppe von Freunden?

--- --- --- --- --- --- --- --- --- --- ---

--- --- --- --- --- --- --- --- --- --- ---

--- --- --- --- --- --- --- --- --- --- ---

--- --- --- --- --- --- --- --- --- --- ---

3. Glaubst du, dass du deiner Gemeinschaft etwas zurückgeben kannst? Wenn ja, was?

--- --- --- --- --- --- --- --- --- --- ---

--- --- --- --- --- --- --- --- --- --- ---

--- --- --- --- --- --- --- --- --- --- ---

--- --- --- --- --- --- --- --- --- --- ---

Deine Abenteuer

1. Hättest du gern mehr Raum für Abenteuer in deinem Leben?
Wenn ja, für welche?

- -

- -

- -

- -

2. Gibt es eine Reise oder ein Abenteuer, das du schon lange Zeit
machen wolltest, bei dem du allerdings bisher immer auf den
richtigen Zeitpunkt gewartet hast? Wenn ja, warum?

- -

- -

- -

- -

Deine Umgebung

1. Wo fühlst du dich am wohlsten?

_____

_____

_____

_____

2. Was macht für dich dein Zuhause aus?

_____

_____

_____

_____

3. Welche vier Dinge könntest du an deiner aktuellen Wohn-/Le-
   benssituation verbessern, um dich noch besser zu fühlen an dem
   Ort, an dem du die meiste Zeit verbringst?

_____

_____

_____

_____

Deine Gesundheit

1. Wie definierst du Gesundheit und Fitness?

----

2. Lebst du gesund? Falls nein, was würdest du gern ändern? Falls ja, wie kannst du das noch weiter verbessern?

----

3. Wie schätzt du dein derzeitiges Fitnesslevel ein? Was sind drei einfache Dinge, die du tun könntest, um dieses Level zu verbessern?

Dein spirituelles Leben

1. An welche spirituellen Werte glaubst du? Wie oft praktizierst du diese und wie?

   ----

2. Ist Spiritualität eine soziale oder eine individuelle Erfahrung für dich?

   ----

3. Steckst du in kulturellen oder religiösen Systemen fest, die du aus Angst, andere zu verletzten, nicht aufgeben willst?

Dein intellektuelles Leben

1. Wie viel Neues lernst du in deinem Leben?

   _____

   _____

   _____

   _____

2. Was tust du, um dich bzw. deine geistigen Fähigkeiten weiterzuentwickeln?

   _____

   _____

   _____

   _____

3. Wie viel Kontrolle hast du über deinen Geist und deine täglichen
   Gedanken?

   _____

   _____

   _____

   _____

Deine Fähigkeiten

1. Worin bist du deiner Meinung nach gut?

_ _

_ _

_ _

_ _

2. Gibt es ein Verhalten, das du gern ändern würdest? Falls ja, welches? Was hält dich davon ab, diese Veränderung zu leben?

_ _

_ _

_ _

_ _

3. Welche Fähigkeiten oder Eigenschaften hättest du gern, die du momentan noch nicht oder nicht genug hast? Was hält dich davon ab, diese zu entwickeln?

_ _

_ _

_ _

_ _

Deine Karriere

1. Was bedeutet dir deine Arbeit?

  –

  –

  –

  –

2. Ist es dir wichtig, Karriere zu machen? Falls ja, warum? Wie definierst du Karriere?

  –

  –

  –

  –

3. Glaubst du, du hast das, was nötig ist, um erfolgreich zu sein? Wenn ja, was ist das? Und wenn nicht, was ist es, das dir fehlt?

  –

  –

  –

  –

Dein kreatives Leben

1. Hältst du dich für kreativ?

_____

_____

_____

_____

2. In welchen kreativen Tätigkeiten gehst du auf?

_____

_____

_____

_____

3. Gibt es eine kreative Person, deren Fan du bist? Was gefällt dir besonders an ihr/ihm?

_____

_____

_____

_____

Deine Familie

1. Welche Bedeutung hat (deine) Familie für dich im Leben?

   _____

   _____

   _____

   _____

2. Was sind zentrale Werte der Familie, in der du aufgewachsen bist?

   _____

   _____

   _____

   _____

3. Welche dieser Werte halten dich heute noch davon ab, erfolgreich und glücklich zu sein?

   _____

   _____

   _____

   _____

Geschafft. Ganz schön viele Fragen, oder? Ich hoffe, du hast alle Fragen beantwortet und nicht einfach weitergeblättert. Vielleicht erkennst du nicht immer sofort den Zusammenhang zwischen diesen Fragen und deinem Liebesglücks. Das ist auch gar nicht schlimm. Doch glaub mir, wenn ich dir versichere, dass dir alle diese Antworten in den nächsten Kapiteln sehr weiterhelfen werden.

Die meisten Veränderungen in unserem Leben verstehen wir erst rückblickend. Dann erkennen wir den Sinn bestimmter Dinge – wir können ihn allerdings nicht erkennen, wenn wir nach vorne schauen.

Sicherlich ist es dir schon einmal passiert, dass sich etwas, das zuerst negativ erschien, im Nachhinein als unglaubliches Glück herausgestellt hat. Vielleicht eine Trennung, eine Kündigung, ein Streit oder etwas anderes. Genauso verhält es sich oftmals im Bereich der persönlichen Weiterentwicklung: Wir können die Bedeutung einzelner Schritte, die Reichweite neuer Erkenntnisse vorab nicht abschätzen.

Lass uns daher die Erkenntnisse aus dieser Übung erstmal so stehen lassen und zur nächsten spannenden Übung kommen.

Deine eigene Beerdigung

Wir wollen nun über ein Thema nachdenken, welches von den meisten Menschen eher gemieden wird: Stell dir vor, du stirbst und bei deiner Beerdigung halten vier Personen eine Rede über dich:

> dein Partner
> ein Mitglied deiner Familie (Bruder, Schwester, Kinder)
> jemand aus deinem sozialen Umfeld (Verein, Nachbarschaft oder Ähnliches)
> jemand aus dem Berufsleben (Geschäftspartner, Angestellte, Kollegen, Chefs)

Was würden sie über dich sagen?

Was würdest du gern von diesen Personen hören, was für ein Mensch du gewesen bist?

Was hättest du gern zum Leben dieser Menschen beigetragen?

Mit dieser Übung möchte ich dich natürlich nicht quälen, indem ich dir deine eigene Sterblichkeit vor Augen führe. Sie soll dir dabei helfen, dass du bereits jetzt ein langfristiges Ziel, eine Vision von deinem Traumleben entwickelst. Denn wenn du nicht weißt, wohin du möchtest, bringen dir die besten Techniken und Strategien zur Zielerreichung nichts. Genauso wie das schnellste Auto dir nichts bringt, wenn du dein Ziel nicht kennst.

Dein Partner

Was würde er über dich sagen?

- -

- -

- -

- -

Was würdest du gern von ihm hören, was für ein Mensch du gewesen bist?

- -

- -

- -

- -

Was hättest du gern zu seinem Leben beigetragen?

- -

- -

- -

- -

Ein Mitglied deiner Familie (Bruder, Schwester, Kinder)

Was würde er oder sie über dich sagen?

_____

_____

_____

_____

Was würdest du gern von ihm oder ihr hören, was für ein Mensch du gewesen bist?

_____

_____

_____

_____

Was hättest du gern zu seinem oder ihrem Leben beigetragen?

_____

_____

_____

_____

Jemand aus deinem sozialen Umfeld (Verein, Nachbarschaft oder Ähnliches)

Was würde er oder sie über dich sagen?

_ _

_ _

_ _

_ _

Was würdest du gern von ihm oder ihr hören, was für ein Mensch du gewesen bist?

_ _

_ _

_ _

_ _

Was hättest du gern zu seinem oder ihrem Leben beigetragen?

_ _

_ _

_ _

Jemand aus dem Berufsleben (Geschäftspartner, Angestellte, Kollegen, Chefs)

Was würde er oder sie über dich sagen?

- -

- -

- -

- -

Was würdest du gern von ihm oder ihr hören, was für ein Mensch du gewesen bist?

- -

- -

- -

- -

Was hättest du gern zu seinem oder ihrem Leben beigetragen?

- -

- -

- -

- -

Über den eigenen Tod nachzudenken, ist nichts, was den meisten von uns Freude bereiten dürfte. Dennoch ist es eine der wirkungsvollsten Übungen, die ich jemals erlebt habe. Denn wenn uns bewusst wird, was wir am Ende unseres Lebens erreicht haben möchten, haben wir einen Punkt, an dem wir uns orientieren können. Ähnlich wie an dem Nordstern, der seit Jahrtausenden von Menschen zur Orientierung genutzt wird. Deine Vision deines Lebens ist dein Nordstern.

Nachdem du die Reden aufgeschrieben hast, lass uns noch mal schauen, was du in deinem Leben alles erreichen möchtest. Du hast ja bereits die verschiedenen Bereiche deines Lebens bewertet und dir Gedanken darüber gemacht, wo du derzeit stehst. Im Folgenden geht es darum, was du in diesen Bereichen erreichen möchtest. Stell dir bitte in Bezug auf jeden der Bereiche deines Lebens die folgenden Fragen: Was möchtest du noch erleben? Wie möchtest du dich verbessern? Wer möchtest du werden?

Deine Freundschaften und dein soziales Leben

1. Was möchtest du noch erleben?

_____

_____

_____

_____

2. Wie möchtest du dich verbessern?

_____

_____

_____

_____

3. Wer möchtest du werden?

_____

_____

_____

_____

Deine Abenteuer

1. Was möchtest du noch erleben?

---

2. Wie möchtest du dich verbessern?

---

3. Wer möchtest du werden?

Deine Umgebung

1. Was möchtest du noch erleben?

- -

- -

- -

- -

2. Wie möchtest du dich verbessern?

- -

- -

- -

- -

3. Wer möchtest du werden?

- -

- -

- -

- -

Deine Gesundheit

1. Was möchtest du noch erleben?

- -

- -

- -

- -

2. Wie möchtest du dich verbessern?

- -

- -

- -

- -

3. Wer möchtest du werden?

- -

- -

- -

- -

Dein spirituelles Leben

1. Was möchtest du noch erleben?

_____

_____

_____

_____

2. Wie möchtest du dich verbessern?

_____

_____

_____

_____

3. Wer möchtest du werden?

_____

_____

_____

_____

Dein intellektuelles Leben

1. Was möchtest du noch erleben?

- -

- -

- -

- -

2. Wie möchtest du dich verbessern?

- -

- -

- -

- -

3. Wer möchtest du werden?

- -

- -

- -

- -

Deine Fähigkeiten

1. Was möchtest du noch erleben?

----

2. Wie möchtest du dich verbessern?

----

3. Wer möchtest du werden?

Deine Karriere

1. Was möchtest du noch erleben?

- -

- -

- -

- -

2. Wie möchtest du dich verbessern?

- -

- -

- -

- -

3. Wer möchtest du werden?

- -

- -

- -

- -

Dein kreatives Leben

1. Was möchtest du noch erleben?

---

2. Wie möchtest du dich verbessern?

---

3. Wer möchtest du werden?

Deine Familie

1. Was möchtest du noch erleben?

- -

- -

- -

- -

2. Wie möchtest du dich verbessern?

- -

- -

- -

- -

3. Wer möchtest du werden?

- -

- -

- -

- -

2.

Wie sieht dein Traumpartner aus und was für eine Beziehung möchtest du führen?

Hast du dir jemals die Frage gestellt, wofür Beziehungen eigentlich da sind? Um dich glücklich zu machen? Damit du nicht mehr so einsam bist? Damit du jemanden hast, mit dem du dein Leben verbringen kannst?

Mich hat diese Frage unglaublich lange beschäftigt und die besten Antworten, die ich bisher zu diesem Thema finden konnte stammen von Robert Betz und Michael Mary.
Robert Betz sagte einst, dass Beziehungen dafür da sind, Erfahrungen zu machen, die wir allein nicht machen können. Michael Mary schreibt zu der Frage, wozu der Mensch Liebe braucht, in seinem Buch *Der kleine Paarthera-*

peut, dass der Mensch in seinem Bewusstsein eingeschlossen ist und dort ein isoliertes Dasein führt. Erst durch die Wahrnehmung der Verbundenheit zu einem geliebten Menschen könne der Einzelne seiner eigenen Eingeschlossenheit entfliehen.

Nachdem wir uns nun verschiedene Bereiche deines Lebens angeschaut haben, lass uns zu dem Bereich kommen, wegen dem du dieses Buch eigentlich gekauft hast: deinem Liebesleben.

Deine Liebesbeziehung

1. Was bedeutet Liebe für dich?

---

2. Was erwartest du von einer Beziehung?

---

3. Was hältst du für deine Hauptaufgabe als Lebenspartner?

_____

_____

_____

_____

4. Meinst du, dass es in einer Beziehung immer so ist, dass einer den anderen mehr liebt?

_____

_____

_____

_____

5. Denkst du, dass du die Fähigkeit besitzt, wirklich intensiv zu lieben?

_____

_____

_____

_____

6. Glaubst du, dass du es verdient hast, geliebt zu werden?

- -

- -

- -

- -

Die Antworten auf diese Fragen sagen viel darüber aus, wie wahrscheinlich Erfolg und Glück in deiner Liebesbeziehung sind. Zwar gibt es auch hier kein Richtig oder Falsch, dennoch gibt es limitierende und unterstützende Antworten.

Wenn du beispielsweise die Überzeugung hast, dass es die Hauptaufgabe deines Partners ist, dich glücklich zu machen, könnte das zu einem Problem werden. Denn dann machst du dein Glück von einem externen Faktor (deinem Partner) abhängig. Das würde ihn stark unter Druck setzen, und das mögen Männer ganz und gar nicht. Ebenso könnte es sein, dass du nicht der Überzeugung bist, dass du es verdient hast, geliebt zu werden, oder dass man sich Liebe hart erarbeiten muss. Solange du das glaubst, wirst du die Liebe deines Partners nicht oder zumindest nur sehr schwer annehmen können. Was zur Konsequenz haben könnte, dass dein Partner sich zwar sehr viel Mühe gibt, dies aber nie bei dir ankommt, weil du in Liebesangelegenheiten wie ein »Fass ohne Boden« bist.

Dein Traumpartner

Stell dir vor, eine Frau, ungefähr Mitte 30, steht in Berlin am Kurfürsten-damm. Sie ist unzufrieden und möchte etwas verändern. Denn sie hat sich gerade von ihrem Freund getrennt, weil dieser sie betrogen hat. Es gab einen Riesenstreit und sie möchte einfach nur weg. Nie wieder möchte sie so etwas erleben. Also steigt sie in ein Taxi. Als der Fahrer sie fragt, wohin sie möchte, antwortet sie, dass sie einfach nur weg will. Der Fahrer fährt also los. Einige Zeit später kommen sie mitten in Brandenburg an. Als die Frau sich umsieht, wird ihr bewusst, wo sie ist. Sie sagt dem Fahrer: »Also nein, hier wollte ich auf gar keinen Fall hin ... fahren Sie mich sofort woanders hin.« Auf die Frage, wohin er sie denn fahren solle, antwortet sie lediglich, dass es ihr egal sei. Der Fahrer fährt also weiter. Angekommen in Hamburg, wiederholt sich das Spiel. Sie beschwert sich darüber, dass sie nicht in Hamburg sein will. Und wenn sie nicht gestorben sind, dann fahren sie noch heute.

Ich denke, wir sind uns einig, dass niemand von uns auf die Idee kommen würde, mit einem Taxifahrer auf diese Weise zu kommunizieren. Doch diese Metapher veranschaulicht sehr gut, wie sich die meisten Frauen durch ihr Beziehungsleben navigieren. Sie behaupten zwar, eine Vorstellung davon zu haben, wo sie hinwollen, doch meist können sie nur Floskeln anführen wie:

> Er soll intelligent sein.
> Er soll treu sein.
> Er soll charmant sein.

Allerdings ist ihnen dabei nur in den seltensten Fällen bewusst, was GENAU das eigentlich für sie individuell bedeutet. Wo beginnt Untreue? Bei einem Blick, einer SMS, einem Kuss? Was ist denn Intelligenz? Ein fundiertes Allgemeinwissen, ein Studienabschluss, Lebenserfahrung, Bauernschläue?

Weitaus häufiger wissen Frauen (meist aufgrund enttäuschender und verletzender Erfahrungen in früheren Beziehungen), was sie nicht möchten.

»Auf gar keinen Fall will ich einen Mann der xyz ist …«

Doch meist ziehen wir in unserem Leben genau das an, worauf unser Fokus liegt. Was wird also aller Wahrscheinlichkeit nach passieren, wenn wir uns stetig darauf fokussieren, was wir nicht wollen? Wir bekommen genau das. Wir müssen dem Taxifahrer unseres Lebens also schon ein paar genauere Angaben machen, damit er uns zu einem Ort bringen kann, an dem wir wirklich sein möchten.

Lass uns daher etwas genauer hinschauen und herausfinden, was für einen Mann du eigentlich suchst. Ein guter Weg, um dies herauszufinden, besteht darin, die fünf wichtigsten Partnerschaftsfaktoren zu beleuchten:

1. physische Gesundheit
2. soziale Fähigkeiten
3. Job und Karriere
4. emotionale Gesundheit
5. Vorlieben und Abneigungen

Die einzelnen Aspekte werden wir uns nun etwas genauer anschauen. Um dir Beschreibungen deines Traummannes zu erleichtern, habe ich dir Beispielfragen zu den einzelnen Bereichen notiert. Diese kannst du gern als Anregungen nutzen. Fühle dich aber frei, alles, was für dich noch wichtig ist, hinzuzufügen.

Physische Gesundheit

Geht er regelmäßig trainieren und ist auch sonst ein aktiver Mensch oder ist er eher gemütlich?

_____

_____

Macht er sich Gedanken darüber, was er isst?

_____

Trinkt er gern Alkohol und raucht vielleicht auch mal einen Joint? Oder lehnt er jede Art von Drogen und Betäubungsmitteln strickt ab?

_____

_____

Lebt er generell gesund oder ist er eher ein Genießer?

_____

Wäre es in Ordnung für dich, wenn er körperliche Einschränkungen hätte? Könntest du einen Partner mit einer schweren Erkrankung oder gar einer Behinderung akzeptieren?

_____

_____

Soziale Fähigkeiten

Obwohl dieser Faktor unglaublich wichtig ist, wird er leider viel zu oft übersehen. Ihr beide seid keine Insel, sondern in soziale Kontexte eingebunden: Ihr werdet im Laufe eurer Beziehung immer wieder auf Menschen treffen. Entweder, wenn ihr gemeinsam unterwegs seid, oder aber natürlich auch, wenn ihr unabhängig voneinander eurem Leben nachgeht. Ihr habt Freunde und Bekannte, und ihr habt gewisse soziale Vorlieben und Aversionen. Diese sollten berücksichtigt werden, um sicherzustellen, dass ihr dauerhaft Zeit miteinander verbringen könnt.

Natürlich ist es zu Beginn einer Beziehung oftmals so, dass gerade das, was wir nicht kennen, spannend ist, und wir uns daher zu Menschen hingezogen fühlen, die anders sind als wir selbst. Gegensätze ziehen sich an, wie man so schön sagt.

Gleichzeitig ist es aber auch so, dass Gemeinsamkeiten eine Beziehung stabil machen. Eine Beziehung, die auf zu vielen Gegensätzen beruht, wird wahrscheinlich sehr leidenschaftlich beginnen, dann allerdings auch relativ schnell Probleme mit sich bringen – spätestens dann, wenn die erste Leidenschaft abgekühlt ist. Denn es fehlt der solide Unterbau. Eine Beziehung, die nur aus Gemeinsamkeiten besteht, ist jedoch meist nicht lange genug spannend, um ein Paar zusammenzuhalten. Es kommt also auf die richtige Mischung an, auch im Bereich der sozialen Fähigkeiten.

Sind ihm soziale Beziehungen wichtig oder ist er eher ein Einzelgänger, der sich selbst genug ist?

_____

_____

Hat er viele oberflächliche Bekanntschaften oder nur wenige gute Freunde? Oder ist es eher eine Mischung aus beidem?

_____

_____

Geht er öfter in Bars und Klubs? Oder bleibt er lieber zu Hause?

_____

_____

An welchen Orten verbringt er gern seine Zeit?

_____

_____

Wie wichtig ist ihm sein sozialer Status?

_____

Ist er eher introvertiert oder extrovertiert?

_____

Job und Karriere

Dass wir eine Menge Lebenszeit mit dem Verdienen unserer Brötchen verbringen, dürfte jedem von uns klar sein. Doch wie hast du deinen Job eigentlich ausgewählt? Bist du eher durch Zufall hineingeschlittert, haben deine Eltern dich in diese Richtung »geschubst«, hast du dich umfangreich beraten lassen oder beruht deine Berufswahl auf deinen Werten und Überzeugungen?

Immer wieder fällt mir auf, dass die meisten Menschen ihren Jahresurlaub besser planen als ihr eigenes Leben. Sie wissen exakt, was sie wollen, was sie nicht wollen, welche Parameter erfüllt sein müssen, damit der Urlaub ein voller Erfolg wird. Zugleich sind sie jedoch sehr häufig in Berufen gefangen, die sie unglücklich machen – was die intensive Vorbereitung des Urlaubs erst notwendig macht, um sich von den Strapazen des Alltags erholen zu können. Genauso, wie du einer Karriere nachgehen solltest, die dich ausfüllt und glücklich macht, wünschst du dir das sicherlich auch von deinem Partner. Lass uns deswegen den Bereich Job und Karriere etwas genauer beleuchten.

Hat er einen Job, der ihn finanziell ausreichend versorgt?

_ _

Was hat er für einen Job?

_ _

Verdient er (viel) mehr oder (viel) weniger als du?

_ _

Beansprucht seine Arbeit einen Großteil seiner Zeit?

_ _

_ _

Ist er leidenschaftlich, was seine Arbeit angeht?

_ _

_ _

Hat er einen Job, den er bis zur Rente behalten will, oder versucht er, sich beruflich weiterzuentwickeln, wechselt den Arbeitgeber und vielleicht auch den Standort?

_ _

_ _

Emotionale Gesundheit

Für manche Frauen ist es wichtig, dass der Partner ein klein wenig eifersüchtig ist, damit sie sich geliebt fühlen. Bei anderen Frauen ist es so, dass sie bei dem kleinsten Anflug von Eifersucht sofort das Gefühl bekommen, der Partner würde ihnen etwas verbieten wollen. Deswegen lässt sich auch nicht pauschal sagen, ob Eifersucht gut oder schlecht ist. Vielmehr geht es darum, ob sie dich in deiner Partnerschaft glücklicher macht oder unglücklicher.

Genauso ist das auch bei vielen anderen Faktoren im Kontext der emotionalen Gesundheit. Hiermit ist vor allem emotionale Stabilität und Zufriedenheit mit sich selbst gemeint. Vereinfacht ausgedrückt: Kommt er gut mit sich selbst aus?

Was bedeutet Eifersucht für ihn?

- -

- -

Wie offen und ehrlich sollte eure Kommunikation sein? Und was bedeutet das konkret für dich?

- -

- -

Ist er emotional eher immer auf demselben Level oder durchlebt er emotionale Achterbahnfahrten?

- -

- -

Kannst du dir vorstellen, einen Mann so sehr zu lieben, dass du auch bereit wärst, große Hindernisse mit ihm gemeinsam zu überwinden oder große Veränderungen in deinem Leben vorzunehmen?

_____

_____

Wie selbstlos und aufopferungsvoll sollte er sein?

_____

_____

Wie ist seine Beziehung zu seinen Eltern?

_____

_____

Wo sucht er die Erklärungen für seine Probleme hauptsächlich?

_____

_____

Bläst er Probleme eher auf und will sie mit dir durchsprechen oder spielt er sie herunter und versucht, sich davon abzulenken?

_____

_____

Vorlieben und Abneigungen

Wenn wir jemanden kennenlernen, interessieren wir uns oftmals als Erstes dafür, was für Gemeinsamkeiten wir haben. Wie zuvor bereits erwähnt, macht das auch durchaus Sinn, wenn wir eine langfristige Beziehung aufbauen wollen. Doch hast du dir schon mal bewusst Gedanken darüber gemacht, welche Gemeinsamkeiten für dich essenziell sind und auf welche du eventuell verzichten könntest?

Die meisten Menschen machen den Fehler, sich nicht darauf zu konzentrieren, was sie mit ihrem neuen Partner innerhalb dieser neuen Beziehung erreichen können, sondern sie richten ihren Fokus eher darauf, was sie aus früheren Beziehungen kennen. Damit pressen sie jedoch ihre neue Beziehung in einen vorgefertigten Rahmen, und das kann durchaus für Frust sorgen. Immerhin ist nicht jede Beziehung gleich und sollte daher auch individuell betrachtet werden – getreu dem Motto: »Lass uns neugierig sein, welche Liebe uns gemeinsam möglich ist, und diese mit ihrem vollen Potential entdecken und leben.«
Gleichzeitig gibt es eventuell ein paar Vorlieben, bei denen du keine Kompromisse machen möchtest. Diese sollten dir bewusst sein, um ein böses Erwachen zu vermeiden.

Mag er dieselben Dinge wie du (Musik, Filme, Essen, Freizeitaktivitäten)? Oder fändest du es schön, wenn er andere Vorlieben hätte und
du dadurch etwas Neues kennenlernen würdest?

Wie wichtig ist es dir, dass ihr denselben Humor habt?

Wie sollte er gern seine Freizeit verbringen?

In was für einem Wertesystem sollte er leben?

Die Traumpartnerin deines Traumpartners

Wenn du alle diese Fragen zu den fünf Partnerschaftsfaktoren beantwortet hast, hast du eine relativ genaue Vorstellung davon, wie dein Traummann sein sollte. Dies ist ein erster, sehr wichtiger Schritt. Denn natürlich solltest du dir zunächst einmal Gedanken darüber machen, welchen Typ Mann du suchst.

Allerdings ist es mindestens genauso wichtig, dir zu überlegen, welchen Typ Frau dein Traummann sucht. Wenn du also herausgefunden hast, wie der Mann deiner Träume beschaffen sein sollte, ist die nächste, ganz entscheidende Frage:

Was ist die Zielgruppe deiner Zielgruppe?

Versuche, ein möglichst genaues Bild davon zu entwickeln, wie die Traumfrau deines Traummannes sein sollte. Vielleicht ist dein Traummann besonders eloquent, in dem Fall solltest du natürlich auch eine gewisse sprachliche Kompetenz besitzen. Wenn dein Traummann durchtrainiert ist und einen Waschbrettbauch hat, dann wäre es sicherlich hilfreich, wenn du dich ebenfalls gern sportlich betätigen würdest. Mach dir einfach bewusst, was die Zielgruppe deiner Zielgruppe ist. Ich denke, du verstehst, worauf ich hinaus möchte

Wie müsstet du sein, damit dein Traummann sich ganz von alleine in dich verliebt? Schreibe zunächst alles auf, was dir zu dieser Frage einfällt. Um deine Gedanken dann in einem zweiten Schritt zu strukturieren, möchte ich drei der fünf Partnerschaftsfaktoren aus der vorherigen Übung noch einmal aus einer anderen Perspektive beleuchten.

Wie müsstest du sein, damit sich dein Traummann in dich verliebt?

Physische Gesundheit

Mal angenommen, du willst einen durchtrainierten, muskulösen Mann mit Sixpack oder einen Mann, der sich gesund ernährt und sexy ist, dann hat dieser muskulöse Mann sicherlich einige Charaktereigenschaften, Vorlieben und Verhaltensweisen, die dafür gesorgt haben, dass er dieses Maß an körperlicher Fitness erreicht hat.

Er wird wahrscheinlich regelmäßig zum Sport gehen, nicht exzessiv trinken, sich gesund ernähren usw. Wenn du allerdings selbst absolut unsportlich bist, gern Party machst und in einer Bar arbeitest, könnte das zu Schwierigkeiten in der Beziehung führen.

Zum einen, weil dir die Nachteile eines derart gestählten Körpers gar nicht bewusst waren, und zum anderen, weil du eventuell nicht seiner Zielgruppe entsprichst. Das ist natürlich ein leicht überspitztes Beispiel, aber ich wollte bewusst übertreiben, um dir das Prinzip zu verdeutlichen.

Wie müsstest du sein, damit du ganz natürlich in dem Bereich der physischen Gesundheit zu deinem Traummann passen würdest?

- -

- -

- -

An welchen Orten würdest du Zeit verbringen?

- -

- -

- -

Wie würdest du dich ernähren?

- -

- -

- -

Welche Themen würden dich besonders stark interessieren?

- -

- -

- -

Job und Karriere

Natürlich ist es einfach zu sagen, dass du einen Mann suchst, der beruflich erfolgreich ist, einen guten Job hat oder ein erfolgreiches Unternehmen führt. Doch bist du auch bereit, den Lebensstil eines solchen Mannes zu »ertragen«? Ist dir Geld so wichtig, dass es dir dafür nichts ausmachen würde, ihn nur selten zu sehen?

Einer der Hauptstreitpunkte in Partnerschaften (24 Prozent aller Auseinandersetzungen) betreffen finanzielle Dinge. Diese gehen meist einher mit karrierebedingten Themen. Der Mann arbeitet zu lange, die Arbeitszeiten liegen so ungünstig, dass nicht genug Zeit für die Beziehung bleibt, oder es ist nicht genug Geld da, um den Lebensstil zu führen, den beide Partner sich wünschen.

Natürlich sind Geld und Karriere nicht alles, das dürfte dir sicherlich klar sein. Dennoch sind es wichtige Aspekte, vor allem (und das würde ich jedem Menschen empfehlen) wenn du einen Partner an deiner Seite hast, dessen Beruf nicht nur Beruf, sondern auch seine Berufung ist. Genauso sollte natürlich auch deine Karriere dich erfüllen und du solltest sie mit Leidenschaft verfolgen.

Wenn einer von euch acht Stunden am Tag mit einer Tätigkeit verbringt, die ihn oder dich unzufrieden macht, wird sich das automatisch auf die Partnerschaft auswirken. Natürlich ist das hier kein Karriere-Ratgeber, dennoch ist es wichtig, sich auch mit diesem Thema zu beschäftigen. Immerhin ist dein Job bzw. deine Karriere ein wesentlicher Teil deines Lebens.

Wünscht er sich eine Frau, die finanziell unabhängig ist und sich ihre Träume selbst erfüllen kann? Oder möchte er gern die Rolle des Ernährers spielen und eine Frau haben, die sich im Gegenzug um den Haushalt kümmert?

Ist es ihm wichtiger, dass er eine selbstbewusste Frau an seiner Seite hat, der ihr Beruf und ihre Karriere wichtig sind? Oder wünscht er sich eine Frau, die sich über ihr Privatleben und ihre Hobbys identifiziert?

Ist es ihm wichtig, welchen Beruf seine Freundin ausübt?

Fände es er schlimm, wenn du mehr verdienst als er?

Vorlieben und Abneigungen

Der Volksmund sagt: »Gegensätze ziehen sich an.« Und das ist auch vollkommen richtig – zumindest am Anfang. Gerade das, was wir nicht kennen, finden wir spannend. Deswegen sind die Beziehungen, die besonders leidenschaftlich beginnen, meist auch die, die nicht dauerhaft halten. Die Unterschiede sind oftmals einfach zu groß.

Forscher haben in verschiedenen Studien herausgefunden, dass Gegensätze dafür sorgen, dass wir Interesse an einem Menschen entwickeln. Gleichzeitig ist es aber so, dass Gemeinsamkeiten das sind, was uns dauerhaft glücklich macht und uns somit zusammenbleiben lässt. Der Optimalzustand ist daher eine gewisse Balance aus Unterschieden (um die Anziehung aufrechtzuerhalten) und Gemeinsamkeiten (um eine gesunde Basis zu haben, damit die Unterschiede die Beziehung nicht zerstören).

Wo genau die optimale Balance liegt, ist natürlich von deinen bzw. euren individuellen Bedürfnissen abhängig und muss entdeckt werden. Wenn du dir allerdings vorab Gedanken darüber machst, welche Vorlieben dein Traummann haben sollte und was er diesbezüglich von seiner Traumfrau erwarten wird, kann das sicherlich nicht verkehrt sein. Mit welchen Vorlieben seinerseits und Erwartungen an dich würdest du auf keinen Fall klarkommen und auf welche Dinge, die dir wichtig sind, würdest du nicht verzichten wollen?

Ist es ihm wichtig, dass ihr dieselben Dinge mögt (Musik, Filme, Essen, Freizeitaktivitäten)? Oder fände er es schön, wenn du andere Vorlieben hättest und er dadurch etwas Neues kennenlernen würde?

Was würde er sich wünschen, wie du deine Freizeit verbringst?

Ist es ihm wichtig, dass ihr den gleichen Humor habt?

Ist es ihm wichtig, in was für einem Wertesystem du lebst?

Bist du bereits seine Traumfrau? Und wenn nicht: Willst du es werden?

Wenn du ein Bild davon hast, welche Zielgruppe dein Traummann hat, versuche dich selbst realistisch einzuschätzen und frage dich:

> In welchen Bereichen bin ich bereits diese Traumfrau?
> In welchen Bereichen bin ich es noch nicht?
> Möchte ich in diesen Bereichen überhaupt seine Traumfrau werden?

Du musst natürlich nicht in jedem Bereich seine Traumfrau sein, vielleicht entspricht der Mann, den du kennenlernen wirst, ja auch nicht in allen Punkten dem Bild deines Traummannes.

Falls es jedoch sehr große Abweichungen zwischen dem, was du oben über deinen Traummann geschrieben hast, und dem, was du hier gerade herausgefunden hast, geben sollte, macht es eventuell Sinn, deine Vorstellungen von deinem Traummann noch mal genauer zu überprüfen. Es ist schließlich niemandem geholfen, wenn dein Traummann ein Traum bleiben muss, weil du keinerlei Aussicht oder Ambitionen hast, seine Traumfrau zu werden. Oft entstehen solch große Abweichungen, weil zu viele von anderen übernommene Überzeugungen über das Thema Liebe und Partnerschaft das Wunsch-Beziehungsbild beeinflussen.

Erst wenn du auch daran arbeitest, dich selbst zu der Frau zu entwickeln, die notwendig ist, um den Mann in ihr Leben ziehen zu können, nach dem sie sich sehnt, ist es sinnvoll, nach dem entsprechenden Mann zu suchen. Denn selbst, wenn du ihn vorher finden solltest, wärst du eventuell noch nicht die Frau, die er unbedingt haben will, und du würdest somit eine wundervolle Chance vergeben, glücklich zu werden.

3.

Wie Männer ticken

Natürlich ist jeder Mann und jede Beziehung anders. Deswegen ist es wichtig, dass man jede Situation auch individuell betrachtet. Dennoch gibt es ein paar Dynamiken, die auf die meisten Männer (gefühlte 90 Prozent der heterosexuellen Männer mit mindestens halbwegs gesundem Selbstbewusstsein) zutreffen. Einen Teil dieser Dynamiken möchte ich im Folgenden näher beleuchten.

Warum zieht er sich zurück?

In der Steinzeit, in der wir Tausende Jahre gelebt haben und die uns somit stark geprägt hat, mussten Männer gute Jäger sein. Das bedeutet, sie mussten in der Lage sein, alles andere auszublenden, sich ganz auf eine Aufgabe zu fokussieren und auch unter Stress zu Höchstleistungen fähig sein. Wer kein guter Jäger war, war für die Gemeinschaft wertlos – oder sogar tot.

Dieses Prinzip herrschte Tausende Jahre vor und ist immer noch tief in uns verankert. Bis heute ist es daher für einen Mann wichtig, dass er etwas hat, worauf er sich fokussieren kann. Natürlich müssen Männer nicht mehr jagen, doch die Komplexität des Lebens hat enorm zugenommen und es ist oftmals nicht einfach, den Überblick zu behalten.

Was hat das mit Beziehungen zu tun? Sich emotional zu binden und auf eine andere Person einzulassen, sorgt dafür, dass es passieren kann, dass ein Mann die Fähigkeit verliert, sich auf die Jagd zu konzentrieren, dies kann heutzutage ein Job oder eine Leidenschaft sein. Wenn ein Mann sich dann zurückzieht, heißt das oftmals lediglich, dass er sich zurückziehen muss. Er muss für sich allein sein, aber das bedeutet nicht zwangsläufig, dass er kein Interesse an dir hat. Eventuell hat er lediglich das Gefühl, dass er gerade nicht die wirkliche Kontrolle über sein Leben oder einen Teilbereich seines Lebens hat. In diesem Fall wird er sich nur selten emotional öffnen können, weil das für ihn einen weiteren Kontrollverlust bedeuten könnte.

(Emotionale) Freiheit ist wahrscheinlich für 90 Prozent der Männer dieser Welt das Allerwichtigste. Wenn du versuchst, ihm die Freiheit zu nehmen, nimmst du ihm automatisch ein Stück seiner Männlichkeit. Für ihn ist der emotionale Rückzug nicht gleichbedeutend mit Einsamkeit. Er braucht diese Phase, um die Verbindung zu sich selbst wiederherzustellen.

Solltest du dich rarmachen, damit er dich spannend findet?

Dies ist eine der Fragen, die mir so oder in ähnlicher Form mindestens ein Dutzend Mal pro Woche gestellt wird. Die Antwort darauf ist ganz klar: Nein. Warum, darauf möchte ich gleich noch zu sprechen kommen, doch zunächst möchte ich dir einige Regeln für den Kontakt per SMS an die Hand geben, an denen du dich orientieren kannst.

1. Schreib ihm nicht mehrmals hintereinander, obwohl du keine Antwort von ihm bekommen hast.

2. Nimm dir 15 Minuten mehr Zeit für deine Antwort, als er gebraucht hat (wenn er dir nach 30 Minuten antwortet, schreibst du ihm nach 45 Minuten). Außer er antwortet dir innerhalb von 5 Minuten.
3. Achte darauf, keine langweiligen Fragen zu stellen wie »Und was machst du gerade so?«.

Doch viel entscheidender als das Beachten dieser Regeln ist es, dass du dich nicht rarmachen solltest, damit er dich spannend findet. Du solltest vielmehr rar sein, weil du ein spannendes Leben hast. Es gibt einen großen Unterschied zwischen natürlichem Verhalten und dem, was man »Um zu«-Handlungen nennen könnte. Damit sind Handlungen gemeint, die nur darauf abzielen, ein bestimmtes Ergebnis zu erreichen. Ich tue x, damit y geschieht. Das ist allerdings nicht natürlich und authentisch. Wenn du dich so verhältst, verstellst du dich, und das kostet Energie. Damit meine ich jetzt nicht die Tatsache, dass man gerade am Anfang einer Beziehung meist versucht, sich in einem guten Licht zu präsentieren, das ist normal. Doch Dinge zu tun, die dir eigentlich nicht entsprechen, das kann nicht sinnvoll sein. Statt zu sehr darauf zu achten, was bei deinem Gegenüber gut ankommen könnte oder was du tun solltest, damit er sich bei dir meldet, solltest du dich lieber auf dein eigenes Leben konzentrieren.
Wenn du ein spannendes Leben lebst, wirst du nicht Gefahr laufen, jeden Tag 20 Mal auf dein Handy zu schauen, um zu prüfen, ob er dir schon geschrieben hat.

Wenn du einmal merken solltest, dass du ständig nur an ihn denkst, auf eine Nachricht von ihm wartest und darauf hoffst, dass ihr Zeit miteinander verbringen werdet, dann erinnere dich daran, dass zu einer glücklichen Partnerschaft immer auch ein glückliches Leben der einzelnen Partner unabhängig voneinander gehört. Anstatt dich also zu sehr auf ihn zu konzentrieren, beschäftige dich mit dir selbst und den wichtigen Bereichen in deinem Leben: deinen Freunden und deiner Familie, gehe die Abenteuer, die du schon immer mal erleben wolltest alleine an, arbeite an deinen Fähigkeiten und beschäftige dich mit deinem intellektuellen oder deinem kreativen Leben. Beschäftige dich mir dir.

Stimmt es, dass du nicht zu früh Gefühle zeigen solltest?

Männer haben, genau wie Frauen, oftmals mit Selbstzweifeln und Minderwertigkeitsgefühlen zu kämpfen. Wenn sie deine Aufmerksamkeit und Gefühle sehr schnell »geschenkt« bekommen, ohne das Gefühl zu haben, sich diese auch »verdient« zu haben, können sie sie nur schwer annehmen. Sie können dann oftmals kaum glauben, dass du sie tatsächlich so toll findest (immerhin finden sie sich selbst tief in ihrem Inneren nicht so gut).

Dieses Phänomen lässt sich gut durch das Groucho-Marx-Paradoxon beschreiben. Groucho Marx war ein US-amerikanischer Komiker und Schauspieler, der einst sagte:»Ich mag keinem Klub angehören, der mich als Mitglied aufnimmt.« Was er meint, ist, dass ein Klub, der ihn als Mitglied akzeptieren würde, in irgendeiner Art seltsam sein muss, und er möchte keinem seltsamen Klub angehören.

Aus der Sicht eines Mannes könnte der Satz heißen:»Eine Frau, die mich toll findet, muss verrückt sein, und mit einer verrückten Frau möchte ich nicht zusammen sein.«

Ein weiterer Punkt, wenn du Männern zu früh deine Gefühle zeigst, ist, dass sie vermuten, dass du das bei vielen anderen Männern auch so machst. Denn, wie gesagt, viele Männer halten sich selbst nicht für etwas Besonderes und können deswegen (meist unterbewusst) deine Begeisterung nur schwer nachvollziehen. Das hat oftmals zur Konsequenz, dass sie deinen Gefühlen nicht einfach so trauen können.

Es kommt noch hinzu, dass sie schnell Angst bekommen, wenn eine Frau sich zu schnell fest binden will. Immerhin bedeutet das für sie eine große

Verpflichtung. Diese wollen sie nicht leichtfertig eingehen, denn das könnte zur Konsequenz haben, dass sie dich ungewollt zu lange »an der Backe haben«.

Was ist nun aber die Lösung dafür? Zum einen solltest du ihm immer wieder zeigen, warum genau du ihn toll findest und was ihn für dich besonders macht. Dies kannst du beispielsweise machen, indem du ihn für bestimmte Entscheidungen oder Charaktereigenschaften wertschätzt.
Um bei ihm nicht die Sorge hervorzurufen, dass du dich zu schnell zu fest an ihn binden möchtest, solltest du unbedingt vermeiden, ihm Ultimaten zu stellen wie: »Entweder entscheidest du dich innerhalb von X Tagen für mich oder ich bin weg.« Männer mögen diese (genauso wie so ziemlich jede andere) Art der emotionalen Erpressung ganz und gar nicht. Du sorgst so nur dafür, dass er sich noch weiter von dir distanzieren will.

4.

Den Traum Wirklichkeit werden lassen ♥ Wie du deinen Traummann findest

Immer wieder werde ich gefragt, was Männer typischerweise gut, anziehend, attraktiv, dauerhaft interessant und (ver-)liebenswert finden. Eine allgemeingültige Antwort darauf zu geben, ist schwierig, denn es hängt von der individuellen Situation ab.

Jeder Mensch (also auch jeder Mann) ist ein autonomes Individuum. Er hat eigene Bedürfnisse, Erfahrungen, Hoffnungen, Wünsche, Ängste und Ziele. Deswegen lässt sich schwer sagen, was genau dieser eine Mann will. Es ist allerdings auch gar nicht wichtig, denn selbst wenn 95 Prozent der Männer einen bestimmten Frauentyp gut finden würden oder einem speziellen Hobby nachgingen, heißt das ja noch lange nicht, dass dein Traummann zu diesen

95 Prozent gehört. Und solange du nicht auf der Suche nach 95 Prozent der Männer bist, sondern nach einem (oder ein paar wenigen speziellen), ist es nur begrenzt hilfreich zu fragen, was Männer generell gut finden.

Die Frage sollte also nicht lauten, was ist typisch Mann, sondern was ist typisch für deinen Traummann bzw. deine Zielgruppe. Um das herauszufinden, haben wir bereits begonnen, ein Bild deines Traummannes und deiner idealen Zukunft zu kreieren. Lass uns nun mal etwas genauer hinschauen, wie du deinen Traum real werden lassen kannst.

Die meisten Frauen haben das Gefühl, dass all die guten Männer bereits vergeben sind und alle übrigen Männer entweder nur »das Eine« wollen oder kein wirkliches Beziehungsmaterial sind. Doch ist das wirklich so? Wie viele Versuche hast du in deinem bisherigen Leben gestartet und wie repräsentativ sind deine Erfahrungen?

Wie oft hast du Männer kennengelernt, die dich wirklich interessiert hätten, ohne dass sich daraus mehr ergeben hätte?

Warum ist deiner Meinung nach nichts daraus geworden? Wie groß ist dein Anteil daran, wie groß der des Mannes?

Lass uns ein kleines Zahlenspiel wagen.

Ungefähr 40 Prozent der Menschen in Deutschland sind im Alter von 25 bis 59 Jahren. Das sind knapp 30 Millionen Menschen. Davon ist ziemlich genau die Hälfte männlich. Das bedeutet, es gibt knapp 15 Millionen Männer im potenziell beziehungsfähigen Alter.

Nehmen wir einmal an, dass 75 Prozent davon nicht in Frage kommen, weil sie zu alt, zu jung oder aus sonstigen Gründen nicht passend sind. Bleiben 3,75 Millionen übrig, die das richtige Alter haben.

Wenn 90 Prozent dieser Männer ebenfalls nicht zu deiner Zielgruppe gehören, weil sie andere Interessen haben oder Sonstiges nicht stimmt, dann bleiben immer noch 375 000 Männer übrig. Und das sind ziemlich viele.

Selbst wenn wir noch mal 50 Prozent abziehen, weil ja nicht alle übrigen Männer Singles sind oder derzeit Interesse an einer Beziehung haben, sind immer noch 187 500 männliche Singles potenziell passend, haben das richtige Alter etc.

Natürlich ist das nur eine sehr grobe Rechnung, aber ich denke, du verstehst, worauf ich hinausmöchte: Es gibt mehr als genug potenzielle Partner, damit du:

1) nicht Single bleiben musst, wenn du das nicht willst
   und
2) nicht mit einem Mann zusammen sein musst, der weniger ist als dein Traummann.

Die Wahrscheinlichkeit, dass niemand für dich dabei ist, ist ziemlich gering. Die Frage ist also nicht, ob es da draußen geeignete Männer gibt, sondern wie du die Chancen erhöhst, diese Männer zu treffen.

Wo kannst du deinen Traummann finden?

Wenn du zum Beispiel einen Mann suchst, der sportlich ist und auf seine Gesundheit achtet, wird er vermutlich Zeit im Fitnessstudio verbringen, das liegt ja relativ nahe. Doch was macht er noch, wenn er gerade nicht trainiert? Vielleicht ist er in einem Geschäft für Sportlernahrung, vielleicht in der Buchhandlung in der Ecke für Sportliteratur, womöglich besucht er einen Vortrag oder ein Seminar zu dem Thema. Probier es doch einfach mal aus und suche im Internet nach dem Schlagwort, das du mit deinem Traummann verbindest, sowie »Veranstaltung«. Genauso kann dir das Magazin deiner Stadt, die lokale Zeitung oder ein Fachmagazin für ein bestimmtes Thema helfen.

Suche dir aus den Eigenschaften, die dein Traummann haben sollte, die zwei/drei heraus, die dir am wichtigsten sind und notiere sie hier.

Was wird dein Traummann unternehmen, um diese Eigenschaften/ Vorlieben auszuleben?

An welchen fünf Orten verbringt dein Traummann seine Freizeit
und seinen Alltag?

1) _

2) _ _ _ _ _ _ _ _ _ _ _ _ _ _ _ _ _ _ _

3) _ _ _ _ _ _ _ _ _ _ _ _ _ _ _ _ _ _ _

4) _ _ _ _ _ _ _ _ _ _ _ _ _ _ _ _ _ _ _

5) _ _ _ _ _ _ _ _ _ _ _ _ _ _ _ _ _ _

Wo gibt es Überschneidungen zu dem, was du gern tust und wo du
gern bist?

_ _

_ _

_ _

Tipp

Ich habe für mich die Routine entwickelt, mindestens einmal pro Woche etwas zu machen, das ich noch nie gemacht habe. Das kann ein Vortrag sein, es könnte aber auch das Backen von Brot sein, der Besuch in einer neuen Bar, Essen in einem neuen Restaurant oder einfach nur ein anderer Weg zur Arbeit. Es geht nicht darum, dass es immer große Sachen sind. Es geht vielmehr darum, offen für Neues zu sein und sich selbst kontinuierlich neuen Eindrücken auszusetzen, um andere Dinge zu lernen.

Nimm dir etwas Zeit und überlege dir vier Dinge, die du innerhalb der nächsten vier Wochen tun willst, die die Wahrscheinlichkeit erhöhen, dass du auf einen passenden Mann triffst und die du bisher noch nie getan hast.
Du kannst dazu das Stadtmagazin zurate ziehen, das Internet befragen oder dir Empfehlungen von anderen einholen. Wichtig ist, dass du vier Aktivitäten findest und dir dann dazu feste Termine heraussuchst und in deinen Kalender einträgst. Das sind die wichtigsten Termine, die du in den nächsten vier Wochen haben wirst.
Wenn du immer so weitermachst wie bisher, wirst du auch immer dieselben Ergebnisse erhalten wie bisher. Nimm dir deswegen vor, in diesen vier Wochen etwas an deinem Leben zu verändern, und achte darauf, was passiert.

Wichtig ist bei der Auswahl der Orte oder Unternehmungen, dass du grundsätzlich Interesse an der Aktivität hast und die Möglichkeit besteht, dass es dir Freude bereitet und dich bereichert. In erster Linie gehst du nämlich für dich dahin, das mit den Männern ist eher ein kleiner Bonus.
Ein bekannter amerikanischer Dating-Coach hat mal gesagt: »Der beste Weg, um erfolgreich mit Frauen zu sein, ist es, etwas Besseres zu tun zu haben, als erfolgreich mit Frauen zu sein.« Das trifft auch genauso auf Männer zu – sie sollten für dich als Frau quasi nur die Kirsche auf der Sahne des Eisbechers deines Lebens darstellen.

Notiere hier, welche fünf Orte du besuchen wirst und wann:

1)

- -

2)

- -

3)

- -

4)

- -

5)

- -

Wie kommst du mit deinem Traummann in Kontakt?

Wenn du dir wünschen könntest, wie du deinen Traummann kennenlernst, wäre die Situation sicherlich ähnlich wie hier:

»Beim Einkaufen bin ich relativ gelangweilt durch die Gänge des Supermarkts gegangen und plötzlich jemandem in den Einkaufswagen gefahren. Als ich aufblickte, sah mich dieser zauberhafte Mann an. Er entschuldigte sich bei mir und sagte, es sei seine Schuld, doch ich konnte das kaum hören, weil ich sofort hin und weg war. Wir redeten ein wenig, verstanden uns super, tauschten unsere Telefonnummern aus und verabredeten uns. Seit unserem ersten Date wusste ich, dass er der Richtige ist, und seitdem sind wir ein Paar.«

Ich kann diese Vorstellung sehr gut nachvollziehen. Als Frau möchtest du wahrscheinlich erobert werden. Dabei gilt es allerdings ein paar Dinge zu beachten. Du kannst nicht einfach passiv sein wie eine Prinzessin aus einem der Kindermärchen. Denn damit begibst du dich in eine Position, in der du keinen Einfluss mehr auf das Geschehen hast und warten musst, bis dein Traummann in dein Leben getragen wird. Mit dieser Einstellung lieferst du dich deinem Schicksal aus, anstatt es selbst zu erschaffen.

Damit meine ich nicht, dass du jeden süßen Typen im Supermarkt mit deinem Einkaufswagen attackieren sollst, um ihm die Chance zu geben, dich anzusprechen. Aber Männer brauchen manchmal einen kleinen Schubs in die richtige Richtung. Wenn eine Frau einem Mann 15 Signale gesendet hat, dass sie ihn gut findet, hat der Mann – wenn es gut läuft! – drei davon bemerkt. Und bei diesen drei Signalen ist er sich dann nicht einmal sicher, dass auch tatsächlich er gemeint ist. Vielleicht will sie nur nett sein. Oder er hat einfach noch nicht genug Sicherheit, sie tatsächlich anzusprechen. Deswegen dürfen Frauen Teile des Verführungsprozesses gern selbst in die Hand nehmen.

Frauen müssen Männer allerdings anders (ver-)führen als Männer Frauen: subtiler und nicht ganz so direkt.

Natürlich könntest du einfach zu einem Mann gehen und ihm sagen, dass du ihn interessant findest und ihn gern kennenlernen würdest. Doch das wäre sehr direkt. Viele Männer (und auch Frauen) fühlen sich unwohl, wenn die Frau eine so »aktive Rolle« einnimmt.

Du könntest aber auch beispielsweise in einer Bar einfach auf ihn zu gehen und ihn fragen, welcher Barkeeper die besten Cocktails mischt. Nachdem du die Antwort bekommen hast, bedankst du dich, gehst weiter deines Weges und drehst dich nach ein paar Schritten noch mal um, um ihm lächelnd in die Augen zu blicken. Dadurch gibst du ihm die Chance, dich einige Zeit später anzusprechen und seinen »Jagdtrieb« auszuleben. Dass du ihn eigentlich dazu gebracht hast, dich anzusprechen, wird im weiteren Verlauf des Flirts eher sekundär sein.

Es geht nicht darum, dass du ihn an der Hand nimmst und ihn hinter dir herziehst, um ihn zu führen. Es geht eher darum, dass du ihn etwas beharrlicher dazu einlädst und inspirierst, sich in dich zu verlieben.

5.

Wie führst du eine glückliche und liebevolle Beziehung?

Wie wir bereits erfahren haben, wird dein Glück in der Partnerschaft von deinen individuellen Bedürfnissen bestimmt. Ob du eine glückliche und liebevolle Beziehung führst, ist nämlich maßgeblich davon abhängig, was du als glücklich und liebevoll bezeichnest.

Ich möchte dir dennoch ein paar Rahmenbedingungen und Gedanken mitgeben, die dich in dem Aufbau einer solchen Beziehung unterstützen können.

Wie reagierst du am besten auf Rückzug?

Wie bereits angesprochen ist es in vielen sich entwickelnden Beziehungen oft schwierig, wenn der Mann sich in seine »Höhle« zurückzieht und auf Abstand geht. Meist interpretieren Frauen das als schwindendes Interesse und geben sich daraufhin besonders viel Mühe. Doch damit feuern sie sein Bedürfnis nach Rückzug nur weiter an.

Damit du mit den Situationen, in denen ein Mann sich zurückzieht, besser klarkommst, ist es wichtig, zu verstehen, warum er sich zurückzieht:

A. Er möchte über ein Problem nachdenken, um zu einer vernünftigen Lösung zu kommen.

B. Er hat keine Antwort auf eine Frage/ein Problem. Männer haben nie gelernt zu sagen: »Ich hab keine Antwort, deswegen ziehe ich mich jetzt zurück, um darüber nachzudenken.«

C. Er fühlt sich gestresst oder genervt. Er braucht Zeit, um sich zu beruhigen, weil er nichts sagen oder tun möchte, das er später bereut.

Was Frau tun sollte:

> sein Bedürfnis nach Rückzug verstehen
> nicht versuchen, ihm bei seiner Problemlösung zu helfen
> ihn nicht mit Fragen bzgl. seiner Gefühlswelt bedrängen
> sich keine Sorgen um ihn machen oder ihn bedauern

Was braucht dein Partner wirklich?

Oftmals geben wir unserem Partner genau die Dinge, die wir uns selbst so sehr wünschen würden. Doch dabei missachten wir, dass unser Partner sich vielleicht ganz andere Dinge wünscht. Deswegen ist es wichtig herauszufinden, welche Zeichen deiner Wertschätzung und Liebe auch wirklich bei ihm ankommen.

Fühle, verstehe und wertschätze die Bedürfnisse deines Partners. All die Fragen in diesem Buch, die dir geholfen haben, dich selbst besser kennenzuler-

nen, können dich auch dabei unterstützen, deinen Partner besser kennenzulernen. Frag ihn doch mal:

> Wann fühlst du dich am meisten geliebt?
  - Wenn ich dich ansehe?
  - Wenn ich dir etwas Bestimmtes sage?
  - Wenn ich etwas Bestimmtes für dich tue?

> Was motiviert dich?
> Was sind deine Hoffnungen und Wünsche?
> Was bedeutet es für dich, eine Beziehung zu führen?
> Welche Wünsche hast du an mich als deine Partnerin?
> Was brauchst du?

Sei neugierig, ihn zu erforschen, und offen dafür, von ihm erforscht zu werden. Es gibt so viele wundervolle Dinge in euren Persönlichkeiten zu entdecken. Nimm dir die nötige Zeit dafür und verzweifle nicht, wenn Dinge mal
nicht – sofort – so laufen, wie du dir das wünschst. Christoph Kolumbus wollte eigentlich einen kürzeren Weg nach Indien finden und hat dabei zufällig
Amerika entdeckt. Wer weiß, welche Überraschungen dich auf deinen For-
schungsreisen erwarten.

Resümee

Zu Beginn des Buches haben wir bereits erfahren, dass die Grundlage für eine glückliche und funktionierende Beziehung zu einem Partner immer eine gesunde Beziehung zu einem selbst ist. Lass uns daher noch mal schauen, wie sich deine Beziehung zu dir im Verlaufe dieses Buches verändert hat.

Du hast erfahren, wer du aktuell bist, wie du dich verändern möchtest und wie du es schaffen kannst, zu dieser Person zu werden. Das geht natürlich nicht innerhalb weniger Tage, sondern wird ein paar Wochen, vielleicht sogar Monate dauern.

Doch lass uns einmal so tun, als wärst du bereits heute die Traumfrau, die du gerne sein möchtest: Woran würdest du das merken? Was würdest du anders machen? Wie würde sich das anfühlen?

Beschreibe die Situation so, als wäre sie bereits heute Realität

Einen Brief an dein zukünftiges Ich

Schreibe an diese Person, die du sein möchtest, einen Brief. Gehe dabei genauso vor wie zu Beginn des Buches: Schreibe den Brief in der Ich-Fom und richte ihn an X. Nur ist X diesmal nicht die aktuelle, sondern die zukünftige Version von dir.

Liebe, _____

Ich sehe dich als einen Mensch, der ...

- -

- -

- -

An dir mag ich ....

- -

- -

- -

Von dem, was du in deinem Leben tust, halte ich ...

- -

- -

- -

Über deine Träume und Ideen denke ich ...

_____

_____

_____

Andere Menschen halten von dir ...

_____

_____

_____

Und? Welche positiven Veränderungen sind dir aufgefallen? Ich bin mir sicher, dass es zwischen deinem ersten Brief an dich selbst und dem jetzt Unterschiede gibt.

Dieses Buch hat dich auf einer Reise begleitet. Eventuell war das der Beginn deiner Reise zu dir selbst, vielleicht war es aber auch nur ein Schritt auf einem Weg. Ich bin mir jedoch sicher, dass deine Reise an dieser Stelle noch nicht vorbei ist.

Über den Autor

Darius Kamadeva ist einer der erfolgreichsten Flirt- und Dating-Coaches im deutschsprachigen Raum. Seit zehn Jahren hilft er Menschen dabei, einen neuen Partner zu finden und glückliche Beziehungen zu führen. Er hat bei diversen nationalen und internationalen Konferenzen Vorträge gehalten und zählt zu den renommiertesten Trainern, wenn es um Erfolg beim anderen Geschlecht geht. Sein YouTube-Kanal »Mann verliebt machen« ist der größte YouTube-Kanal zum Thema Dating für Frauen im deutschsprachigen Raum. Darius Kamadeva ist unter anderem bekannt durch Beiträge im WDR, RBB und ARD. Er lebt in Berlin.

Online-Bereich

Das Thema Beziehungen ist so vielfältig und bunt, dass es natürlich schwierig ist, auf knapp 100 Seiten alles zu sagen, was es zu sagen gibt. Deswegen habe ich dir einen Online-Bereich für das Buch angelegt. Dort findest du eine Menge vertiefender Inhalte. Gehe dazu einfach auf www.dariuskamadeva.de/finde-deinen-Traummann.

Literatur

Betz, Robert: *So wird der Mann ein Mann! Wie Männer wieder Freude am Mann-Sein finden.* München 2010

Betz, Robert: *Mich selbst lieben lernen. Selbstwertschätzung und Selbstliebe als Grundlage glücklichen Lebens* (Hörbuch). München 2006

Betz, Robert: *Wahre Liebe lässt frei! Wie Frau und Mann zu sich selbst und zueinander finden.* München 2014

Betz, Robert: *Willkommen im Reich der Fülle. Wie du Erfolg, Wohlstand und Lebensglück erschaffst.* München 2015

Brown, Brené: *Verletzlichkeit macht stark. Wie wir unsere Schutzmechanismen aufgeben und innerlich reich werden.* München 2013

Bust, Astrid L.: *Weiblichkeit leben. Die Hinwendung zum Femininen.* Hamburg 2016

Deida, David: *Der Weg des wahren Mannes. Ein Leitfaden für Meisterschaft in Beziehungen, Beruf und Sexualität.* Bielefeld 2006

Deida, David: *Du bist Liebe. Männer, Sex und tiefes Liebesglück – ein Ratgeber (nicht nur) für Frauen.* Bielefeld 2008

Diamandis, Peter: *Abundance. The Future Is Better Than You Think.* New York 2014

Dilts, Robert: *Die Heldenreise. Auf dem Weg zur Selbstentdeckung.* Paderborn 2013

Dilts, Robert: *Die Magie der Sprache. Sleight of Mouth. Angewandtes NLP.* Paderborn 2016

Grochowiak, Klaus: *Vom Glück und anderen Sorgen. Wie man es schafft, mehr Glück zu ertragen, als man denkt.* Frankfurt a.M. 1996

Grochowiak, Klaus: *NLP und das Familien-Stellen. Zur Komplementarität zweier Therapieansätze. Ein praxisorientierter Handlungsleitfaden. Ein einzigartiges neues Therapie-Instrument aus NLP und Hellinger.* Paderborn 2001

Grochowiak, Klaus: *FRAMING NLP-Wissen für Trainer.* Band 1-4. Taunusstein 2011-2015

Huppertz, Michael: *Achtsamkeitsübungen. Experimente mit einem anderen Lebensgefühl. 99 Anleitungen für die Praxis.* Paderborn 2015

Kindl-Beilfuß, Carmen: *Fragen können wie Küsse schmecken. Systemische Fragetechniken für Anfänger und Fortgeschrittene.* Heidelberg 2015

Kreismann, Jerold J.: *Ich hasse dich – verlass mich nicht. Die schwarzweiße Welt der Borderline-Persönlichkeit.* München 2012

Mary, Michael: *Erlebte Beratung mit Paaren.* Stuttgart 2008

Mary, Michael: *Lebt die Liebe, die ihr habt. Wie Beziehungen halten.* Reinbek bei Hamburg 2008

Mary, Michael: *Wo bist du und wenn nicht wieso? Wie Sie den passenden Partner finden, ohne ihn zu suchen.* München 2011

Schachtner, H.-U.: *Frech aber unwiderstehlich. Der Magische Kommunikationsstil. Mit Charme, Witz und Weisheit im Alltag, im Beruf und in der Liebe.* Agatharied 2009

Schäfer, Thomas: *Was die Seele krank macht und was sie heilt. Die psychotherapeutische Arbeit Bert Hellingers.* München 2004

Seyffer, Walter: *Helden für ein Leben. Die heldenhafte Lebensreise des Menschen nach Joseph Campbell und ihr Einfluss auf den individuellen Lebenslauf. Ein Beitrag zur anthroposophischen Biographiearbeit.* Frankfurt a. M. 2011

Shazer de, Steve: *Mehr als ein Wunder. Lösungsfokussierte Kurztherapie heute.* Heidelberg 2016

Ulsamer, Bertold: *Spielregeln für Paare. Einsichten in die Partnerschaftsdynamik mit dem Familien-Stellen nach Bert Hellinger.* München 2003